B2 C1

AVANCÉ

Isabelle Chollet
Jean-Michel Robert

ORTHOGRAPHE PROGRESSIVE DU FRANÇAIS

CORRIGÉS

Avec 405 exercices

www.cle-international.com

Direction éditoriale : Béatrice Rego
Édition : Virginie Poitrasson
Couverture : Fernando San Martin
Mise en page : Arts Graphiques Drouais (28100 Dreux)

© CLE International / Sejer, Paris, 2019
ISBN : 978-209-038458-1

SOMMAIRE

CORRIGÉS

I. Orthographe grammaticale

1. Verbes : -É, -ER ou -EZ ? 5
2. Le participe passé – Cas particuliers 6
3. L'accord du participe passé – Rappel 6
4. L'accord du participe passé – Cas particuliers 6
5. L'accord du nom après SANS et PAS DE 7
6. L'accord du verbe avec les sujets collectifs 7
7. Les conjugaisons particulières 8
8. Le passé simple et l'imparfait du subjonctif 8
9. -AI, -AIS ou -AIT ? 8
10. L'adjectif verbal et le participe présent 9
11. -ANT ou -AND ? 9
12. Les adjectifs : -ANT ou -ENT ? 10
13. Le participe et l'adjectif : -ANT et -ENT 10
14. TOUT, TOUS, TOUTE et TOUTES 10
15. LEUR et LEURS 11
16. MÊME et MÊMES 11
17. Les adjectifs de couleur 11

Bilan n° 1 12

II. Orthographe d'usage

18. -IC ou -IQUE ? 13
19. Les adverbes : -MENT ou -MMENT ? 13
20. -E ou non en finale : les noms 14
21. -E ou non en finale : les verbes 14
22. -OIR ou -OIRE ? 14
23. S ou SS ? 15

24	Les doubles consonnes en finale : NN	15
25	Les doubles consonnes : MM	15
26	Les doubles consonnes : TT	15
27	Les doubles consonnes : LL	16
28	Les doubles consonnes : RR	17
29	Les anomalies orthographiques	17
30	Le genre et le nombre de certains noms	17
31	Le pluriel des noms composés	18

Bilan n° 2 18

III. Particularités

32	Les nombres	19
33	La ponctuation	20
34	Le trait d'union et la césure	21
35	Les majuscules	22
36	Les accents et le tréma	23
37	La cédille et l'apostrophe	23
38	Les abréviations	24
39	Le langage SMS	24
40	Les préfixes	24
41	Les suffixes	25
42	QUELLE(S) ou QU'ELLE(S), QUELQUE ou QUEL QUE ?	26
43	QUOIQUE ou QUOI QUE ?	26
44	Les homophones	27
45	Les mots ou expressions souvent mal orthographiés	28
46	La réforme de l'orthographe de 1990	28

Bilan n° 3 29

CORRIGÉS

Chapitre 1 : Verbes : -É, -ER ou -EZ ?

Exercices page 8

1
1. signé → vendu
2. acheter → vendre
3. demander → vendre
4. changé → vendu
5. changer → vendre.

2
1. ont
2. avaient, ont
3. a
4. viennent d'
5. serait, est.

3
1. Libérés, les passagers ont été transportés à l'hôpital. Libérer les passagers coincés dans le véhicule était la priorité.
2. Abandonner mes études n'a pas été une bonne idée. Abandonné dans la forêt, le Petit Poucet a retrouvé son chemin.
3. Rissoler les pommes de terre et ajouter un peu d'ail. Rissolées, ces pommes de terre sont excellentes.
4. Opéré de l'épaule, le nageur ne participera pas au championnat. Opérer une personne très âgée est souvent délicat.
5. Acheter des actions s'est avéré une bonne opération. Achetées à bas prix, ces actions vont nous rapporter.

4 Après avoir assommé le gardien, le prisonnier a tenté de s'échapper. Ou : Après avoir tenté de s'échapper, le prisonnier a assommé le gardien.

5 Les vaches ont regardé passer le train. Les enfants ont souhaité regarder des dessins animés.

Exercices page 9

6 1. (-) – 2. à – 3. à – 4. (-) – 5. à – 6. (-) – 7. à – 8. (-).

7 rentrer – traverser – passer – conseillée – décidé – s'arrêter – observer – utilisée – manger – Raffiné – impressionné – manger – tacher – souhaité – rapporter – rencontrer – escompté – semblé – apprécier – jugé – efféminé – disposées – toucher – vexer – manger – patienter – employée – déguster.

8 informez – passer – relever – informer – présenté – daigné – téléphoner – déposer – Laisser – appeler – passé – accéder – donné – demandé – fixer – Sachez – manqué – obligé – recommencer – payer – insulté – déposer – Agréez – distinguées.

Chapitre 2 : Le participe passé – cas particuliers

Exercices page 11

1 1. attendri – 2. cuit – 3. réduit – 4. omis – 5. fui.

2 1. ont pris – 2. ont pas accueillis – 3. a reconduit – 4. a envahi – 5. a détruit – 6. ont suivi.

3 1. suffi – 2. traduits – 3. souri – 4. consenti – 5. haï.

4 1. béni (B nid) – 2. henni (É nid) – 3. décrépits (dés craie pi) – 4. bénit (B nid) – 5. prescrit (presse cri) – 6. dissous (dix sous).

Chapitre 3 : L'accord du participe passé : rappel

Exercices page 13

1 rentré – rendu – invitée – accepté – passés – descendu – empruntée – cogné – sonné – poursuivi – suivi – inquiétée – installés – regardé – commencé – tombé – accouru – posé – répondu – appelés – efforcés – rendu.

2 2. c – 3. d – 4. g – 5. e – 6. a – 7. c – 8. g – 9. f – 10. d – 11. f – 12. a – 13. a. – 14. b – 15. d.

3 1. reproché – 2. cachés – 3. recommandés – 4. juré – 5. conseillé.

Chapitre 4 : L'accord du participe passé : cas particuliers

Exercices page 15

1 1. vus – 2. regardé – 3. sentis – 4. vu – entendue – 5. vu – 6. sentie.

2 1. fait – 2. fait – 3. faites – 4. fait – 5. faits.

3 1. laissés/laissé – 2. laissées – 3. laissé – 4. laissé – 5. laissés/laissé.

4 1. Quelles rafales de vent il y a eu ! – 2. Quelle bêtise sa sœur a faite ! – 3. Quelle force il a fallu avoir ! – 4. Quelles trombes d'eau il est tombé ! 5. Quelle chose étrange il est arrivé !

5 Dictée : Le naufrage
Il était une heure du matin. Une énorme déflagration s'est fait entendre. Quelle panique il y a eu ! Les passagers se sont tous précipités sur le pont à la demande du capitaine. Mais les membres de l'équipage semblaient affolés. Ils les ont entendus hurler et les ont vus préparer les bateaux de survie. Pris de panique, les passagers se sont vus mourir. Ils se sont finalement laissé convaincre de quitter le navire dans le calme. Ils sont montés dans les chaloupes et se sont tous fait ramener sains et saufs sur la côte.

Exercices page 17

1 1. La demi-heure (CC) – 2. Les marathons (COD) – 3. des trois heures (CC) – 4. La dizaine d'années (CC) – 5. les problèmes (COD).

2 1. pu (rentrer) – **2.** voulu (poser) – **3.** dues – **4.** cru (avoir) – **5.** voulus.

3 mise à part – vu – comprise – Étant donné – ci-jointe.

4 voulu – rendu – excepté – pu – crue – Fini/Finies.

Chapitre 5 : L'accord du nom après sans et pas de

Exercices page 19

1 1. empressement – **2.** bouteille de vin – **3.** petite copine – **4.** histoire(s) drôle(s) à raconter – **5.** (sa) voiture.

2 1. sucre(s) ajouté(s), conservateur(s), eau ajoutée, colorant(s) – **2.** vie possible, oxygène – **3.** ailes – **4.** pluie, vent – **5.** toilettes – **6.** chemise, pantalon – **7.** œufs, farine – **8.** bonbons – **9.** tête – **10.** agressivité – **11.** espoir – **12.** invitation.

3 1. pluriel – **2.** singulier et pluriel – **3.** singulier – **4.** singulier – **5.** pluriel – **6.** singulier et pluriel – **7.** singulier – **8.** pluriel – **9.** singulier – **10.** singulier – **11.** singulier et pluriel – **12.** singulier.

Chapitre 6 : L'accord du verbe avec les sujets collectifs

Exercices page 22

1 1. donne/donnent – **2.** assiste – **3.** manifeste/manifestent – **4.** court/courent – **5.** habite.

2 1. organise/organisent – **2.** déménagent – **3.** circulent – **4.** traite – **5.** déteste/détestent – **6.** passe – **7.** longe/longent – **8.** recherche/recherchent.

3 1. a, e – **2.** b – **3.** d – **4.** b, c, d.

4 1. retourne/retournent – **2.** s'amuse/s'amusent – **3.** accourent. **4.** gâtent – **5.** estiment – **6.** résiste.

Exercices page 23

5 1. la plupart – **2.** Trop – **3.** Plus.

6 1. concernent – **2.** restent – **3.** flottent – **4.** traversent.

7 1. Un groupe de personne discute/discutent dans la rue. – **2.** Une nuée d'oiseaux s'envole/s'envolent. – **3.** Une troupe d'acteurs salue/saluent le public.

8 Proposition de phrases :
1. utilise / utilisent l'ordinateur pour les loisirs – **2.** regardent des vidéos. – **3.** joue/jouent. – **4.** consulte/consultent des photos. – **5.** lisent et envoient des e-mails.

Chapitre 7 : Les conjugaisons particulières

Exercices page 25

1 1. dépend – 2. dément – 3. restreins – 4. se plaint – 5. s'étend – 6. pressent – 7. éteins – 8. entreprend.

2 1. consent – 2. attend – 3. apprend – 4. craint – 5. étreint.

3 1. moud – 2. mord – 3. résout – 4. peint – 5. détends – 6. coud – 7. teint – 8. perds.

4 1. découds, découd (Dé – Cou) : découdre – 2. descends, descend (Dé – Cent) : descendre.

Chapitre 8 : Le passé simple et l'imparfait du subjonctif

Exercices page 27

1 1. saisit – 2. s'écrivirent – 3. s'avança, tendit – 4. but – 5. arrivai, vis.

2 1. s'asseoir – 2. connaître – 3. parvenir – 4. être – 5. faire – 6. tenir – 7. construire – 8. falloir – 9. dormir.

3 fit – obtint – fut – écrivit – se mit – s'écrasa – erra – inspira – rejoignit – disparut – retrouvèrent – se souvint – tomba.

4 1. perdis – 2. purent – 3. courûmes – 4. rougîtes – 5. aimai – 6. neigea – 7. sûmes.
Mot à trouver : apprîmes.

Exercices page 29

1 1. l'habillât – 2. vînt – 3. fût – 4. arrivât.

2 1. fut – 2. eût – 3. fût.

3 1. plûtes – 2. pris – 3. aperçûtes – 4. reçûtes – 5. pris – 6. priai, gémis – 7. sûtes – 8. fis – 9. écrivis – 10. lûtes – 11. pûtes – 12. mis – 13. visse – 14. plussiez – 15. disse – 16. tussiez – 17. aimasse – 18. désespérassiez – 19. opiniâtrasse – 20. idolâtrasse – 21. assassinassiez.

Chapitre 9 : AI, AIS ou AIT ?

Exercices page 31

1 1. il ; imparfait – 2. il ; subjonctif – 3. je ; tu ; conditionnel – 4. il ; conditionnel – 5. il ; présent.

2 serai – aimerais – pourrais – aurai – dirai – devrait – serait – rendrai – serai.

3 1. levai, restais – 2. marchais, décidai – 3. espérais-sautai.

4 1. est – 2. ait – 3. est – 4. ait – 5. ait – 6. est – 7. ait – 8. ait.

Chapitre 10 L'adjectif verbal et le participe présent

Exercices page 34

1 1. grossissants – 2. étonnant, amusant – 3. lubrifiants – 4. intéressant – 5. impressionnants.

2 1. passionnant – 2. Souffrant – 3. charmants – 4. Étudiant – 5. roulants.

3 1. Faisant – 2. vaillants – 3. Pleurant – 4. pouvant – 5. Sachant, puissants.

4 1. ravissant tous ceux qui l'approchent. – 2. charmant les hommes. – 3. attirant les regards masculins. – 4. brûlant d'amour. Mais le pluriel est aussi possible : brûlants d'amour – 5. glaçant d'indifférence. Mais le pluriel est aussi possible : glaçants d'indifférence.

Exercices page 35

5 1. peu accueillants. – 2. rarement passionnants. – 3. séduisant encore. – 4. quelquefois piquants. – 5. souvent bouleversants.

6 1. convaincant, convaincants, convainquant – 2. communicants, Communiquant – 3. provocants, provoquant – 4. suffocant, suffoquant.

7 1. déléguant – 2. fatigant – 3. Zigzaguant – 4. Naviguant – 5. intrigant.

8 1. Voyageant, permettant, Connaissant, charmant, Disposant, intéressant, Restant, concernant.
Adjectifs verbaux : charmant, intéressant.
Participe présents : Ayant, concernant, connaissant, Disposant, permettant, restant, Voyageant.

Chapitre 11 : -ANT OU –AND

Exercices page 38

1 1. tisserand – 2. étudiant – 3. enseignant – 4. commerçant.

2 1. ravissants – 2. chant – 3. friands – 4. marchand – 5. mangeant.

3 Bertrand : grand, normand, flamand, gourmand, truand.
Constant : savant, pédant, croyant, élégant, confiant.

4 éléphant, goéland, flamant.

Exercices page 39

5 1. confiant – 2. confiants – 3. aimants – 4. Aimant, croissants.

6 1. allemand – 2. friand – 3. diamant – 4. restaurant – 5. carburant – 6. lieutenant – 7. brigand – 8. intéressant, fatigant – 9. calmant.

7 1. Gand, flamand – 2. marchand – 3. chant – 4. marchant – 5. quand – 6. flamant – 7. romand – 8. Quant.

8 1. chat + lent, chaland – 2. nord + ment, Normand.

9 croix + 100 : croissant.

Chapitre 12 : Les adjectifs : -ANT ou -ENT ?

Exercices page 41

1 1. allemand, Albert Schweitzer – **2.** blanc, Henri IV – **3.** franc, Clovis – **4.** savant, Pasteur – **5.** grand, Charles de Gaulle.

2 1. Prudence – **2.** ignorance – **3.** Patience – **4.** conscience – **5.** Abondance.

3 1. énervant – **2.** méchant – **3.** insolent – **4.** violent – **5.** inconstant.

4 1. prudent – **2.** plaisant – **3.** galant – **4.** ignorant – **5.** lent.

5 1. content (ne vient pas d'un nom en -ence) – **2.** sanglant (ne vient pas d'un verbe) – **3.** débutant (pas de nom possible en –ance ou –ence).

Chapitre 13 : Le participe et l'adjectif : -ANT et -ENT

Exercices page 43

1 1. Émergeant – **2.** émergents – **3.** négligent – **4.** Négligeant – **5.** Somnolant.

2 1. équivalant – **2.** équivalent – **3.** Précédant – **4.** précédent – **5.** violent.

3 1. divergents – **2.** adhérant aux mêmes idées que toi – **3.** affluant de tous les côtés – **4.** différentes – **5.** confluant chaque jour de plus en plus nombreux aux frontières de l'Europe.

4 1. travail excellent – **2.** syndicats influents – **3.** candidat déférent – **4.** garagiste négligent – **5.** salaires équivalents.

Chapitre 14 : TOUT, TOUTE, TOUS et TOUTES

Exercices page 46

1 1. tout – **2.** tout – **3.** touts – **4.** tout – **5.** Tout.

2 1. tout, toute – **2.** toute, tout, tout – **3.** toute – **4.** toute.

3 1. tous, adjectif – **2.** Tout, pronom – **3.** Tout, tout, adverbe et adverbe – **4.** Toute, adjectif – **5.** tous, adjectif – **6.** Tout, pronom – **7.** tout, tout, adjectif et adjectif – **8.** Tous, adjectif – **9.** Toute, adjectif – **10.** Tout, pronom – **11.** Tout, tout, tout, pronom, pronom et pronom.

4 1. tous – **2.** toutes – **3.** tout – **4.** toute-puissante.

Exercices page 47

5 1. tout – **2.** toutes – **3.** tout – **4.** tout – **5.** tous, tout.

6 1. toutes – **2.** Tous – **3.** tous – **4.** Tout – **5.** Toute – **6.** Tout – **7.** Tous – **8.** tout – **9.** tous – **10.** tout.

7 1. tous, Tout, Tous, tout, toute, tout, tout, tous, toute, tous.

8 1. À tout âge – **2.** En toutes lettres – **3.** De toute manière – **4.** De tout côté (de tous côtés) – **5.** À tout moment (à tous moments).

Chapitre 15 : LEUR et LEURS

Exercices page 49

1 1. leur donne – 2. Dis-leur – 3. leur a proposé – 4. leur a offert – 5. Ne leur en parle pas.

2 1. le leur – 2. le leur – 3. la leur – 4. les leurs – 5. la leur.

3 1. au leur – 2. aux leurs – 3. aux leurs – 4. au leur – 5. aux leurs.

4 1. leur, leurs – 2. leurs, leurs – 3. leur – 4. leur, leurs – 5. leur.

5 1. leur voiture – 2. leurs amis – 3. leur restaurant préféré – 4. leur addition – 5. leur dimanche.

Chapitre 16 : même et mêmes

Exercices page 51

1 1. la même taille – 2. le même poids – 3. les mêmes études – 4. le même diplôme – 5. les mêmes livres.

2 1. même – 2. mêmes – 3. nous-mêmes – 4. vous-même – 5. même.

3 1. Vous pouvez vous en occuper vous-mêmes. – 2. Même les directeurs ont été renvoyés. – 3. Nous avons eu les mêmes problèmes. – 4. Les couleurs ne sont pas tout à fait les mêmes. – 5. Ce sont celles-là mêmes qui vous ont répondu.

4 Les filles du roi elles-mêmes.

Chapitre 17 : Les adjectifs de couleur

Exercices page 53

1 1. bleus – 2. verts – 3. marron – 4. noirs.

2 1. bleus – 2. gris – 3. verts – 4. noirs.

3 1. orange – 2. violettes – 3. marrons – 4. roses.

4 1. noisette – 2. ébène, acajou – 3. orangés, puce – 4. pourpres, pastel.

5 1. blanc crème – 2. vert olive – 3. rose saumon – 4. jaunes comme des citrons.

Exercices page 55

1 1. brune, noirs, orange, jaunes – 2. blonds et foncés – 3. bruns clairsemés – 4. blancs, bleutés – 5. châtain clair – 6. grise, poivre et sel – 7. auburn – 8. orangée – 9. chauves.

2 1. bleu et rouge (pas d'accord car chaque tenue comportait du bleue et rouge ; bleues et rouges est acceptable si l'on considère que certaines tenues étaient bleues et d'autres rouges).
2. bleu horizon – 3. vert-de-gris – 4. jaune sable – 5. kaki.

- **3** 1. gris perle – **2.** marron vert – **3.** rouge vif (vif se rapporte à rouge) ou : rouges vifs (plutôt avec une virgule et vifs se rapporte dans ce cas à poissons) – **4.** gorge de pigeon – **5.** bleu nuit.
- **4** 1. marrons – **2.** rouges carmin – **3.** verts foncés – **4.** gris-bleu.

Bilan n° 1

Exercices page 56

- **1** arrivés – présentés – appelé – trouvé – prostré – tuée – tuée – Paniquée – téléphoné – Rester – ressourcer – profiter – disputer – se promener.
- **2** 1. cacher – **2.** gardée – **3.** partez – **4.** fumer – **5.** Entrez/Entrer, sonner – **6.** Fermez – **7.** marcher – **8.** louer.
- **3** 1. inscrit – **2.** réussies – **3.** conduit.
- **4** 1. bénite – **2.** dissous/dissout (réforme) – **4.** absous/absout (réforme).
- **5** 1. donné – **2.** vus – plu – **3.** eues – **4.** déménagé – **5.** allés.

Exercices page 57

- **6** entrer – intriguée – appelé – entendus entrer – aperçu – traverser – sentie terrifiée – enfermée – sonné – fait – bousculer – arrivée – partis.
- **7** 1. boutons – **2.** pluriel impossible – **3.** limites – **4.** preuves – **5.** pluriel impossible.
- **8** 1. s'approche/s'approchent. – **2.** mange/mangent – **3.** se baigne/se baignent.
- **9** 1. perd – **2.** restreignent – **3.** répand , ment – **4.** feint – **5.** résout.
- **10** 1. Un loup dévora le Petit Chaperon rouge – **2.** La Belle au bois dormant se réveilla grâce au baiser d'un prince – **3.** Le Petit Poucet et ses frères retrouvèrent leur chemin grâce à de petits cailloux – **4.** Les sept nains accueillirent Blanche-Neige chez eux – **5.** Peau d'Âne fit un gâteau pour le prince.

Exercices page 58

- **11** 1. étais – repassais – **2.** aurai – saurai – **3.** est – **4.** ait.
- **12** 1. éclairant – **2.** luisants – **3.** précédente – **4.** admirant – **5.** pensant, charmante.
- **13** 1. savant – **2.** fatigant – **3.** pouvant – **4.** vaillant – **5.** quant.
- **14** Bertrand – traitant – passionnant – souffrant – Différant – mangeant – convenant – pourtant – gourmand – Quand – répand.
- **15** 1. goéland, flamant – **2.** grand, lent – **3.** charmant, intelligent – **4.** permanent, fréquent – **5.** flamand, allemand.

Exercices page 59

16 1. d'adhérent – **2.** Négligeant – **3.** influent – **4.** provoquant – **5.** violent.

17 1. tout – **2.** tout, toute – **3.** toutes – **4.** tout.

18 1. Lors – **2.** leurs – **3.** leur – **4.** l'heure – **5.** leurs – **6.** leur, leurs.

19 1. Même – **2.** mêmes – **3.** même – **4.** mêmes – **5.** même.

20 1. Les lampes sont roses et les vases sont vert bouteille. – **2.** Les draps sont orangés, les oreillers sont orange et les couvertures rose saumon. – **3.** Les pharmaciens ont des moustaches poivre et sel.

Chapitre 18 : -IC ou -IQUE

Exercices page 61

1 1. Linguistique – **2.** Alambic – **3.** Porc-épic – **4.** Pronostic – **5.** Informatique – **6.** Périphérique – **7.** Amérique – **8.** Goût du risque – **9.** As de pique.

2 1. périphérique – **2.** linguistique – **3.** Amérique – **4.** informatique – **5.** as de pique – **6.** pronostic – **7.** goût du risque – **8.** alambic – **9.** porc-épic.

3 1. pratique, élastique – **2.** chic – **3.** musique, Mexique – **4.** moustique, pique – **5.** linguistique, public.

4 1. piques – **2.** basilic – **3.** cric – **4.** tic – **5.** laïques.

Exercices page 63

1 1. panoramique – **2.** ordre alphabétique – **3.** monosyllabique – **4.** allégorique.

2 1. alcoolique – **2.** climatique – **3.** artistique – **4.** sympathique.

3 1. Dominique (masculin ou féminin) – **2.** L'Asiatique (une personne et non un pays ou une région).

4 1. Frédéric – **2.** chic – **3.** plastique – **4.** publique – **5.** laïque.

5 1. flic flac – **2.** clic – **3.** tic tac – **4.** hic – **5.** couic.

6 1. Angélique, aérobic, lyrique – **2.** Patrick, beatnik, bolchévik.

Chapitre 19 : Les adverbes : -MENT ou -MMENT ?

Exercices page 65

1 1. sérieusement – **2.** mollement – **3.** doucement – **4.** gentiment – **5.** prudemment – **6.** brillamment.

2 1. Impuni (impunément, les autres en -iment) – **2.** Complètement (les autres en -ément).

3 1. franchement – **2.** vraiment – **3.** énormément – **4.** méchamment – **5.** dangereusement.
vraiment – énormément – Franchement, méchamment – dangereusement.

4 pas + Siam + an : patiemment.

5 **1.** lentement – **2.** couramment – **3.** galamment – **4.** courageusement – **5.** différemment – **6.** fréquemment – **7.** intelligemment

Chapitre 20 : -E ou non en finale : les noms

Exercices page 67

1 **1.** lycée – **2.** nouveauté – **3.** scolarité, université – **4.** musée, montée – **5.** faculté.

2 **1.** Beauté – **2.** Volonté – **3.** Vanité – **4.** Vulgarité.

3 obscurité, nuitée, clé, rez-de-chaussée, chauffée, cheminée, pelletée, pitié, café, trophée, matinée.

4 **1.** nécessité – **2.** araignée – **3.** clé – **4.** fumée.

5 **1.** fumée – **2.** Nécessité – **3.** Araignée, araignée – **4.** clé.

6 **1.** raie – **2.** balai – **3.** paix – **4.** paye.

Exercices page 69

1 **1.** souris – **2.** otarie – **3.** brebis – **4.** pie.

2 **1.** sosie – **2.** merci, incendie – **3.** fourmi – **4.** après-midi.

3 **1.** âneries – **2.** singeries – **3.** cochonneries.

4 **1.** Biscuiterie (ce n'est pas un commerce) – **2.** Tuerie (ce n'est pas un commerce).

5 **1.** fois, voix – **2.** oie, foie – **3.** bois, croix – **4.** voie, loi – **5.** *joie*.

6 **1.** *lieues* – **2.** boue – **3.** partie, tout – **4.** tribus – **5.** foi, voie.

Chapitre 21 : -E ou NON en finale : les verbes

Exercices page 71

1 **1.** mûrir – **2.** choisir – **3.** sourire – **4.** suffire – **5.** finir.

2 **1.** frire – **2.** rebâtir – **3.** dire – **4.** partir – **5.** souffrir – **6.** lire.

3 **1.** dire – **2.** lire – **3.** souffrir – **4.** rebâtir – **5.** partir – **6.** frire.

4 **1.** réjouir – **2.** évanouir – **3.** nuire – **4.** cuire – **5.** fuir.

5 **1.** boire – **2.** voir – **3.** croire.

Chapitre 22 : -OIR ou OIRE ?

Exercices page 73

1 **1.** voire – **2.** noirs – **3.** voir – **4.** noires – **5.** noir.

2 **1.** baignoire – **2.** mouchoir – **3.** rasoir – **4.** mémoire – **5.** balançoire.

- **3** 1. la mémoire – **2.** l'y voir – **3.** pourboire – **4.** l'ivoire – **5.** pour boire – **6.** mon mémoire.
- **4** 1. patinoire – **2.** Conservatoire – **3.** trottoir – **4.** abattoirs – **5.** laboratoires.
- **5** cou + Loire : couloir.

Chapitre 23 : S ou SS ?

Exercices page 75

- **1** 1. coussin – **2.** case – **3.** base, basse – **4.** viser – **5.** ruse.
- **2** 1. Assaut – **2.** Assembler – **3.** Asocial – **4.** Assorti – **5.** Asymétrie.
- **3** 1. assorti – **2.** assaut – **3.** asymétrie – **4.** asocial – **5.** assembler.
- **4** 1. parasol – **2.** tournesol – **3.** rissole – **4.** boussole.
- **5** 1. resserrer – **2.** resaler – **3.** resigner – **4.** ressors – **5.** Resservir.

Chapitre 24 : Les doubles consonnes en finale : NN

Exercices page 77

- **1** 1. canne – **2.** reine – **3.** détonné – **4.** canes.
- **2** 1. Les paysannes bretonnes sont en colère. – **2.** Elle est coquine et taquine. – **3.** Chacune promène sa chienne. – **4.** La politicienne catalane est devenue ministre. – **5.** Certaines Italiennes ne sont pas brunes.
- **3** 1. patiner – **2.** gêner – **3.** étrenner – **4.** dessiner – **5.** entraîner.
- **4** 1. téléphoner – **2.** démissionne – **3.** enrubanner – **4.** perfectionner – **5.** époumone – **6.** couronné.
- **5** 1. tonné – **2.** prôné – **3.** sonné – **4.** trôné.

Chapitre 25 : Les doubles consonnes : MM

Exercices page 79

- **1** 1. *L'imagination* – **2.** omelette – **3.** émancipée – **4.** *L'immortalité* – **5.** *Emmenez-moi.*
- **2** 1. momie – **2.** commissions – **3.** dommage – **4.** sommaire – **5.** nominé – **6.** tomates.
- **3** 1. Dôme – **2.** Prime – **3.** Gramme – **4.** Pomme – **5.** Crème – **6.** Rame.
- **4** 1. gramme – **2.** pommes – **3.** rame – **4.** prime – **5.** dôme – **6.** crème.
- **5** 1. Il est devenu blême comme s'il avait vu un fantôme. – **2.** Vous avez plusieurs barèmes de prix pour les baptêmes de l'air. – **3.** C'est un douloureux dilemme pour cette jeune femme. – **4.** Lis-moi ce poème.

Chapitre 26 : Les doubles consonnes : TT

Exercices page 81

1 1. but – 2. goutte – 3. patte – 4. bête – 5. date.

2 1. carottes – 2. côtelettes, frites – 3. pâtes, tomate – 4. diplomate, tartelettes – 5. dattes.

3 1. Brut (le *t* est prononcé).

4 1. toilette – 2. nette – 3. enquête – 4. bicyclette – 5. interprète.

5 1. muette – 2. secrète, indiscrète – 3. replète – 4. inquiète – 5. sotte 6. idiotes.

Exercices page 83

1 1. endetté – 2. projeté – 3. guetté – 4. crocheté – 5. jeté – 6. enquêté, arrêté.

2 1. goutte – 2. cote – 3. étiquette – 4. goûté – 5. ôte.

3 1. disputés – 2. tempêté – 3. jeté – 4. sangloté – 5. regretté.

4 1. note – 2. dot – 3. pilote – 4. trot.

5 1. achèterez – 2. prêterez – 3. feuilletterez – 4. compléterez – 5. répéterai.

Chapitre 27 : Les doubles consonnes : LL

Exercices page 85

1 éléphant, balançait, toile, tellement, alla, éléphant.

2 1. allié – 2. alarmes – 3. illégal – 4. aligne – 5. illettrés.

3 1. jolies – 2. maillots – 3. surveillent – 4. ailerons – 5. îles.

4 1. Ballon – 2. Félon – 3. Salon – 4. Vallon.

5 1. félon – 2. *Salon* – 3. ballon – 4. *Vallon*.

6 travaille, collège, Elle, allemand, collègues, élèves, intelligents, village, tranquillité.

Exercices page 87

1 1. mal – 2. sole – 3. file – 4. poil – 5. fil.

2 1. football – 2. balle – 3. bille – 4. pull – 5. Bill – 6. hall.

3 1. bal – 2. sel – 3. colle – 4. mails – 5. malles.

4 1. ville [l] – 2. avril [l].

5 1. nouvel – 2. facile, difficile – 3. espagnol, fol – 4. ridicule – 5. vieil – 6. gentil – 7. nul.

Exercices page 89

① 1. envol – 2. égal – 3. calcul – 4. exil – 5. file.

② 1. travail – 2. colle – 3. sommeil – 4. contrôle – 5. fusil – 6. veille.

③ 1. surveiller (ne vient pas d'un nom ou ne donne pas un nom en -eil ou -eille) – 2. gentil (pas de verbe).

④ 1. appellerai – 2. renouvellerais – 3. Pèle – 4. rappeliez – 5. mêles.

⑤ 1. te querellais – 2. te rappelais – 3. renouvelais – 4. te rebellais.

Chapitre 28 : Les doubles consonnes : RR

Exercices page 91

① 1. irréductibles – 2. oriental, irrésistible – 3. orage, tonnerre – 4. irréaliste, ironie – 5. iranien, urologie.

② 1. Bas + gare : bagarre.

③ 1. Bourreau – 2. Courage – 3. Fourré (ou Fourrer) – 4. Sourire – 5. Pourri.

④ 1. fourré – 2. bourreau – 3. pourri – 4. courage – 5. sourire.

⑤ 1. verre – 2. beurre – 3. mare – 4. jars – 5. vers.

⑥ 1. courront – 2. mourront – 3. verrait – 4. pourra.

Chapitre 29 : Les anomalies orthographiques

Exercices page 93

① 1. tâtons – 2. attrapé – 3. annulé – 4. traditionaliste – 5. affolés.

② 1. imbécillité (ou imbécilité : nouvelle orthographe) (un B scie lit T) – 2. boursoufler/é (ou boursouffler/é : nouvelle orthographe) (B'ours houx F'lait) – 3. mammifère (ma mi fer) – 4. sonorité (sceau nos riz thé) – 5. siffler/é (si F'lait).

③ 1. honorifique – 2. monétaire – 3. symptomatique – 4. mamelle – 5. déshonneur – 6. sonorité, somatique – 7. symptôme – 8. sonnerie, sonneur.

Chapitre 30 : Le genre et le nombre de certains noms

Exercices page 95

① 1. un cadenas – 2. un reçu – 3. un enclos – 4. un commis – 5. un abord – 6. un gargouillis – 7. un excès – 8. un délai – 9. un engrais – 10. un refus.

② 1. vernis – 2. compas – 3. putois – 4. matelas.

③ 1. concours, haras – 2. bijou, remords – 3. chamois, paroi – 4. cours, judo – 5. surpoids, tournoi.

4 1. gâchis – **2.** tracas – **3.** hachis – **4.** mépris – **5.** accès – **6.** secours – **7.** abus – **8.** afflux – **9.** relais – **10.** legs.
Mot à trouver : mâchicoulis

Exercices page 97

1 1. fiançailles (toujours pluriel) – **2.** enterrements (singulier possible) – **3.** agissements (toujours pluriel) – **4.** squelettes (singulier possible) – **5.** arrhes (toujours pluriel).

2 1. a été renvoyée aux calendes grecques – **2.** sous les meilleurs auspices – **3.** aux dépens de – **4.** sans ambages.

3 1. F – **2.** M – **3.** M – **4.** F – **5.** F – **6.** F – **7.** F – **8.** F – **9.** F – **10.** M – **11.** M – **12.** M – **13.** M – **14.** M – **15.** F.

4 1. désastreuse – **2.** un – **3.** petites – **4.** verte – **5.** bon.

5 1. la – **2.** un – **3.** faux – **4.** un – **5.** Une.

Exercices page 99

1 1. une – **2.** le – **3.** une – **4.** un – **5.** Le – **6.** à la – **7.** son – **8.** un – **9.** un.

2 1. La voile – **2.** Le pendule – **3.** Le manche – **4.** Le moule – **5.** La faux – **6.** La moule – **7.** La tour – **8.** Le poêle.

3 1. Une ordonnance – **2.** Une cache – **3.** Un solde – **4.** Un passe – **5.** Un critique – **6.** Une solde – **7.** Un greffe – **8.** Un mi-temps.

Chapitre 31 : Le pluriel des noms composés

Exercices page 101

1 1. Des arrière-goûts – **2.** Des chasse-neige – **3.** Des chauves-souris – **4.** Des demi-litres – **5.** Des eaux-de-vie – **6.** Des presqu'îles – **7.** Des ingénieurs-conseils.

2 1. comptes rendus – **2.** croque-madame – **3.** ayants droit – **4.** wagons-restaurants – **5.** plates-formes.

3 1. Un compte-goutte – Des compte-gouttes.
2. Une contrattaque – Des contrattaques.
3. Un coupe-file – Des coupe-files.
4. Un fastfood – Des fastfoods.
5. Un sèche-cheveu – Des sèche-cheveux.
6. Un mélimélo – Des mélimélos.
7. Un porte-bonheur – Des porte-bonheurs.
8. Une bassecour – Des bassecours.

4 Dictée.
1. La rencontre n'a pas pu se faire parce qu'il y a eu plusieurs contretemps.
2. Les lave-linges que nous avons vus étaient très chers.
3. Pour le dessert, il y aura des millefeuilles individuels.
4. Ce musée expose des chefs-d'œuvre.

Bilan n° 2

Exercices page 102

1 1. patiemment – 2. méchamment – 3. violemment – 4. lentement– 5. sérieusement.

2 1. public – 2. magnifique, pratique – 3. diagnostic – 4. chic – 5. fantastique.

3 1. boue – 2. deux-roues – 3. revu, revue – 4. soi – 5. monté, montée.

4 1. avenue – 2. allée, musée – 3. Allongée, araignée, fourmi – 4. rue, banlieue – 5. oublié, clé, porte-monnaie.

5 1. traduire – 2. venir – 3. courir – 4. dormir – 5. suffire.

Exercices page 103

6 1. bisyllabiques – 2. dessaler – 3. présage – 4. ressembler – 5. resservir.

7 1. Noir Désir – 2. cire – 3. barre – 4. verre – 5. mare.

8 1. rails – 2. fusils – 3. cols – 4. reculs – 5. pillaient.

9 1. vienne, famille algérienne, devenue, européenne, reines, paysannes, gamme, émotions, fonctionne, femme, comédie, comme, couronnée, année, nominée, Cannes, dommage, antenne, émission.

10 1. étiquette – 2. quitte – 3. dévote – 4. lutte – 5. tricote.

Exercices page 104

11 1. résonance – 2. bonifier – 3. inclus – 4. nourrice – 5. chariot – 6. guérilla – 7. affoler – 8. chaton – 9. cantonal.

Mot vertical à trouver : concurrent

12 1. un torticolis – 2. un fracas – 3. un coloris – 4. un procès – 5. un cyprès – 6. un hachis – 7. un excès – 8. un abcès – 9. un univers – 10. un enclos – 11. un refus – 12. un taudis – 13. un matelas – 14. un chaos – 15. un hachis – 16. un remords – 17. un verglas – 18. un entremets – 19. un détritus.

13 1. un – 2. Une – 3. une – 4. Une – 5. un.

Exercices page 105

14 1. a – 2. a – 3. b – 4. a – 5. a.

15 1. on-dit – 2. demi-bouteilles – 3. pommes de terre – 4. chèques-restaurant – 5. sacs à main – 6. pense-bêtes – 7. grands-parents – 8. sans-abri/sans-abris (Réforme).

Chapitre 32 : Les nombres

Exercices page 107

1 Trois cent dix-sept euros et quatre-vingts centimes. (Orthographe traditionnelle, sinon traits d'union partout).

2   **1.** quatre-vingts – **2.** *Quatre-vingt-treize* – **3.** *Cent vingt* – **4.** *Vingt mille* – **5.** trois cent vingt-cinq mille (Orthographe traditionnelle, sinon traits d'union partout).

3   **1.** cent un – **2.** quatre cents – **3.** quatre cent cinquante et un – **4.** Trois cents – **5.** vingt-cinq, deux mille. (Orthographe traditionnelle, sinon traits d'union partout).

4   **1.** cent quatre-vingt – **2.** quatre-vingt mille – **3.** mille, cents – **4.** millions – **5.** mille, une.

5   **1.** mille sept cent quatre-vingt-neuf ou dix-sept cent quatre-vingt-neuf – **2.** quinze cent quinze – **3.** huit cent – **4.** mille huit cent quarante-huit – **5.** quatre cent quatre-vingt-un. (Orthographe traditionnelle, sinon traits d'union partout.

Exercices page 109

1   **1.** trois mille – **2.** XV – **3.** IIIe, IIIe – **4.** onze – **5.** II, XXIe – **6.** 10.

2   Jean-Paul II.

3   Le 2 / 4 / 2015.

4   19^e.

5   **1.** 14 – **2.** 1789 – **3.** XIV – **4.** 12 – **5.** V^e.

6   Vingt + cent = Vincent.

Chapitre 33 : La ponctuation

Exercices page 111

1   **1.** ! – **2.** ? – **3.** ! – **4.** . – **5.** ! – **6.** ? – **7.** ! – **8.** . – **9.** . – **10.** ?

2   **1.** Elle est allemande. (affirmative) – **2.** Ton travail est difficile. (affirmative) – **3.** Quel imbécile ? (interrogative) – **4.** Je n'ai pas réussi le test (affirmative) – **5.** Tu veux partir avec elle ? (interrogative).

3   **1.** En Afrique de l'Ouest, beaucoup de pays ont le français comme langue officielle : Sénégal, Mali, Niger ... – **2.** Il n'y a qu'une explication : Paul est fou.
3. Je pars demain en Italie. Julie reste en France. – **4.** Et j'ai crié : Aline, pour qu'elle revienne.
5. Elle parle toutes les langues scandinaves : danois, suédois, norvégien, islandais.

4   **1.** Il pleut ? – **2.** Tu pars demain. – **3.** Attention ! – **4.** Quelle folie ! – **5.** Quel mystère ? – **6.** C'est possible.

Exercices page 113

1   **1.** jolie, cultivée, musicienne – **2.** ni blonde ni brune, elle est rousse – **3.** La semaine dernière, elle – **4.** Elle va souvent au concert, car – **5.** Elle espère qu'elle pourra.

2   **1.** Dans trois heures, le soir sera tombé ; s'il ne pleut pas, les gens viendront s'asseoir aux terrasses des cafés. – **2.** S'il y a trop de monde, je ne sais pas si je pourrai trouver une place. – **3.** Les pays du Benelux (Pays-Bas, Belgique, Luxembourg) sont dans la zone euro. – **4.** Il pleut dans mon cœur comme il pleut sur la ville (Verlaine).

3   **1.** Seuls les riches clients – **2.** Un seul.

4   Réponses au choix, plusieurs possibilités. L'histoire peut être complètement différente selon la ponctuation.

5   **Premier enregistrement**
Georges entre dans la maison, un pistolet à la main. Alain l'attend, tremblant de peur. Sa femme se cache dans la chambre. Georges s'avance sans crainte. Alain le regarde.
Georges dit : Alain est un traître.
Puis il lève son revolver, vise et tire.
Qui tire ? Georges.

Second enregistrement
Georges entre dans la maison. Un pistolet à la main, Alain l'attend. Tremblant de peur, sa femme se cache dans la chambre. Georges s'avance. Sans crainte, Alain le regarde.
Georges, dit Alain, est un traître.
Puis il lève son revolver, vise et tire.
Qui tire ? Alain.

Chapitre 34 : Le trait d'union et la cesure

Exercices page 115

1   **1.** Regarde-les ! – **2.** Fais-ça ! – **3.** Allez-y ! – **4.** Dites-le-nous ! – **5.** Occupe-t'en !

2   **1.** quelques-uns – **2.** mots mêmes – **3.** lui-même – **4.** cela même – **5.** livre-ci.

3   **1.** Prend-il sa voiture ? – **2.** Le demande-t-elle ? – **3.** Le sait-il ? – **4.** Ont-elles répondu ? – **5.** Y va-t-on ?

4   **1.** là-bas – **2.** là – **3.** Jusque-là – **4.** là – **5.** ceux-là – **6.** là-dedans.

5   **1.** sur le champ – **2.** au-dessus – **3.** sur-le-champ – **4.** En dehors – **5.** peut être, peut-être.

Exercices page 117

1   **1.** compte rendu – **2.** grand-père – **3.** arc-en-ciel – **4.** pommes de terre – **5.** rez-de-chaussée.

2   **1.** non violent – **2.** franco-allemande – **3.** outre-Manche – **4.** sud-est – **5.** ex-RDA.

3   **1.** nouveau-né – **2.** ouvre-bouteille – **3.** ouvre-boîte – **4.** beau-père – **5.** en-tête – **6.** bar-tabac – **7.** sourd-muet – **8.** rendez-vous – **9.** porte-fenêtre – **10.** allume-cigare.

4   **1.** microbiologie, micro-organismes – **2.** antibiotique – **3.** bio-informaticien – **4.** anti-inflammatoires – **5.** socioculturelles – **6.** micro-ordinateur.

Exercices page 119

1   **1.** Nouvelle-Orléans – **2.** Grande-Bretagne – **3.** Pays-Bas – **4.** États-Unis.

2   **1.** Saint-Pierre et Miquelon (Saint-Pierre-et-Miquelon, avec traits d'union, désigne l'archipel composé de ces îles ainsi que d'autres îles plus petites) – **2.** saint Antoine – **3.** Sainte-Sophie – **4.** Saint-Malo – **5.** sainte Geneviève – **6.** Saint-Exupéry.

3   **1.** Porte-monnaie – **2.** portefeuille – **3.** week-end – **4.** vélomoteur – **5.** chauve-souris.

4   Imper-méable (im-perméable, impermé-able), camping-car, passionnant (passion-nant), hô-tel, sta-gner.

Chapitre 35 : Les majuscules

Exercices page 122

1   **1.** Les Champs-Élysées – **2.** Le Moyen-Orient – **3.** La Confédération helvétique – **4.** L'Union européenne – **5.** L'Union des républiques socialistes soviétiques.

2   **1.** Toussaint **2.** Noël **3.** Nouvel An **4.** premier avril **5.** Pentecôte.

3   **1.** arènes – **2.** Croisette – **3.** Notre-Dame, Louvre – **4.** Saint-Malo – **5.** débarquement.

4   **1.** Sud – **2.** centre – **3.** nord, Sud – **4.** Est – **5.** ouest, Sud.

5   **1.** Jean est québécois, c'est un Canadien francophone. – **2.** Ronaldo est brésilien, il parle portugais. – **3.** Aux États-Unis, les Hispaniques sont hispanophones. – **4.** Jean-Jacques étudie le marxisme-léninisme.

Exercices page 123

6   **1.** Indien, bouddhistes, musulmans – **2.** Vishnou, dieu, hindouisme – **3.** Juifs, Arabes – **4.** alsacien , catholique, protestant – **5.** christianisme.

7   **1.** Saint-Louis **2.** saint Louis **3.** Saint-Médard **4.** saint-marcellin **5.** Saint-Jean.

8   **1.** Renaissance – **2.** commune, Commune – **3.** église, Église – **4.** Parti, parti – **5.** Monde – **6.** docteur, monsieur – **7.** Antiquité, Monet.

9   **1.** vendredi – **2.** Mardi gras – **3.** lundi – **4.** Vendredi – **5.** Juillet.

10   **Dictée**

C'est aujourd'hui le premier mai, la Fête du Travail. Maurice prend sa Renault pour aller chez ses amis. Ils font un repas de fromage : du camembert et du saint-nectaire. Ils boivent aussi beaucoup. Ils commencent par un pastis puis du saint-émilion. Ils terminent avec du calvados et des cognacs. Il semble qu'ils confondent la Fête du Travail et la Saint-Patrick.

Chapitre 36 : Les accents et le trema

Exercices page 125

1 ÉTUDIANT ERASMUS AU DÉPARTEMENT DE GÉOLOGIE, JE ME PERMETS DE VOUS ÉCRIRE POUR VOUS EXPOSER MES PROBLÈMES. JE LOGE À LA CITÉ UNIVERSITAIRE, JE DOIS QUITTER MA CHAMBRE LE 21 DÉCEMBRE. OR JE NE RETOURNERAI DANS MON PAYS QU'APRÈS LES VACANCES DE NOËL. CE SERAIT TRÈS GÊNANT POUR MOI D'ÊTRE OBLIGÉ DE TROUVER UN HÔTEL POUR LA DERNIÈRE SEMAINE DE DÉCEMBRE. J'ESPÈRE QUE VOUS ME PERMETTREZ DE RESTER EN CITÉ U QUELQUES JOURS DE PLUS. MERCI DE VOTRE COMPRÉHENSION.
SALUTATIONS DISTINGUÉES.

2 1. hôtes – 2. mal – 3. aiguë (ou aigüe) – 4. pâtes – 5. mais, maïs.

3 1. rôde – 2. côté – 3. jeûne – 4. tâche, taché – 5. halé.

4 1. les vôtres – 2. Votre, les nôtres – 3. la vôtre – 4. votre – 5. notre, les vôtres.

Exercices page 127

1 1. a, à – 2. des, dès – 3. là où – 4. La, là, ou – 5. çà et là, ça.

2 1. crû – 2. crue – 3. *cru* – 4. crut.

3 1. dû, du – 2. boîte, boite – 3. sûr, sur – 4. mûr, mur.

4 2. fût – 3. sur – 4. mûres – 5. gènes.

5 1. trône – 2. fraiche, polaire – 3. Pôle – 4. jeûne, déjeuner, diner – 5. tempête, ile.

6 Un arbre qui porte des pêches.

Exercices page 129

1 1. bel – 2. indiscret – 3. amer – 4. Michel.

2 1. examens – 2. sexe – 3. lexique – 4. textile – 5. réflexes.

3 Femme (**e** est prononcé [a]).

4 1. perle – 2. asperges – 3. lèvres – 4. déchausser – 5. réflexion – 6. bergères – 7. algèbre – 8. technologie – 9. adolescent agressif – 10. intègres.

5 1. S + poire : Espoir – 2. S + prix : Esprit.

Chapitre 37 : La cédille et l'apostrophe

Exercices page 131

1 1. François – 2. provençal – 3. niçois – 4. alsaciens – 5. français, marocain.

2 Aujourd'hui, Nathan a eu une grande surprise. Le professeur habituel n'était pas là. C'était une remplaçante. Il a pensé que ç'allait être plus facile avec elle, mais il s'est trompé. D'abord elle a vérifié que les élèves savaient leur leçon. Puis elle leur a donné des exercices de français qu'elle avait conçus. Nathan a trouvé que ce n'était pas trop difficile. Il a vaincu toutes les difficultés. Il a été félicité.

3 1. Colette s'immisçait toujours dans les affaires des autres. – **2.** Ton comportement me déçoit. – **3.** Tu m'agaçais toujours quand tu lançais le ballon à côté. – **4.** Sabine a vécu à Berlin. – **5.** Nous prononçons correctement cette phrase.

4 1. Ça inquiète tes amis. – **2.** Ç'allait marcher. – **3.** Ç'en devient meilleur. – **4.** Ç'aurait pu être pire. – **5.** Ça ira mieux demain.

Chapitre 38 : Les abréviations

Exercices page 133

1 1. Dr – **2.** MM. – **3.** c.-à-d. – **4.** ONU (même si l'adjectif *onusien* existe) – **5.** M.

2 1. PDG – **2.** vol. 5, p. 8, pt – **3.** Mlle – **4.** SVP (svp, S.V.P.) – **5.** kg.

3 1. Pr (Professeur) – **2.** Me (Maître) – **3.** Lt (Lieutenant) – **4.** Vve (veuve) – **5.** Mgr (Monseigneur).

4 1. COD – **2.** MM. – **3.** TGV – **4.** pp. – **5.** Mlles.

5 Énergie.

Chapitre 39 : Le langage sms

Exercices page 135

1 1. bonsoir – **2.** crier (ou crié, etc.) – **3.** bavarder (ou bavardé, etc.) – **4.** matin – **5.** pendant – **6.** tarder (ou tardé, etc.) – **7.** c'est-à-dire – **8.** café – **9.** casser (ou cassé, etc.) – **10.** Quoi de neuf ?

2 1. b – **2.** b – **3.** b – **4.** a – **5.** b – **6.** b – **7.** a – **8.** b.

3 1. Oui, tu as pensé au cadeau ?
2. Mince, j'ai oublié…
3. On fait quoi alors ?
4. Laisse tomber, je m'en occupe.
5. Tu es sérieux ?
6. Oui, j'ai une idée : un sac à main.
7. Génial ! Je passe te prendre à quelle heure ?
8. Vers 7 heures ? Ça va être la fête !
9. Ok, à plus (tard).

4 1. ras – **2.** b1to – **3.** 5pa – **4.** 3x – **5.** a12C4 – **6.** exClen.

Chapitre 40 : Les préfixes

Exercices page 137

1 1. dissolvant – **2.** dysphasie – **3.** discordant – **4.** dysfonctionnement – **5.** disjoncte.

2 1. discontinue – 2. hippiques – 3. disqualifié – 4. hippocampe – 5. hiéroglyphes.

3 1. hyperactif – 2. hypothermie – 3. rhinopharyngite – 4. dyslexie – 5. gynécologue.

4 1. calligraphie – 2. dissocier – 3. dissymétrique – 4. dysenterie – 5. dysmorphie. 6. hippodrome – 7. hypothèse – 8. oxygène – 9. philosophe – 10. pluriannuel – 11. polyester – 12. pyromane – 13. hypocrisie.

Exercices page 139

1 1. inné – 2. inimaginable – 3. innovants – 4. inexactitudes – 5. inoffensifs.

2 1. immature – 2. illogique – 3. immettable – 4. irréalisables – 5. immodeste.

3 1. aménager – 2. asocial – 3. asymétrique – 4. collaborateur – 5. connexion – 6. débarquer – 7. débattre – 8. déménager – 9. déneigé – 10. embarquer – 11. emmagasiner – 12. emménager – 13. enneigé.

4 **Dictée. La dictée de Marcel.**
Marcel a eu zéro à sa dictée et il a dit que son professeur l'avait traité d'illettré.
Sa mère a trouvé cet irrespect totalement inacceptable et a demandé un rendez-vous.
Le professeur s'est offusqué car il n'a rien dit de tel. Par contre, il a surpris Marcel avec une antisèche mais l'enfant s'est dit innocent, accusant même son voisin et se disant opprimé par le professeur.
Il a enfin essayé de se disculper en ajoutant que ses innombrables fautes étaient dues à sa dyslexie. Marcel a juste occulté le fait que l'orthophoniste n'a détecté aucun dysfonctionnement de ce côté-là…

Chapitre 41 : Les suffixes

Exercices page 141

1 1. torrentielles – 2. logiciel – 3. démentiel, artificiel – 4. présidentielles – 5. résidentiel.

2 1. spacieux – 2. contentieux – 3. fallacieux – 4. suspicieux.

3 1. provincial – 2. spatiale – 3. glacial – 4. martial.

4 1. minutieux – 2. partiel – 3. précieuses – 4. social – 5. tendanciel – 6. superstitieux – 7. nuptiale – 8. initial – 9. silencieux – 10. artificielle – 11. capricieux – 12. facétieux – 13. facial.
Mot horizontal : circonstanciel.

Exercices page 143

1 1. prussien – 2. alsacien – 3. opticien – 4. diététicien – 5. jurassien – 6. aoûtien – 7. tarsien.

2 1. un Égyptien – 2. un académicien – 3. un Vénitien – 4. un astrophysicien – 5. Les Parnassiens.

3   1. **Distribution** de repas aux sans-abri.
2. **Émotion** lors des obsèques de l'ancien ministre.
3. Un joueur de football marseillais en **commission** de discipline.
4. **Allocution** du président de la République.
5. Le marché mondial du luxe en pleine **expansion**.
6. Des **démissions** et des **scissions** dans le parti de **l'opposition**.
7. Taux record **d'abstention** aux **élections** législatives.
8. Des bouchons en prévisions pour le pont de l'**Ascension**.

4   1. extensions – 2. lotion, friction – 3. réflexion – 4. répercussions – 5. percussions – 6. laotien – 7. convulsions – 8. liposuccion – 9. Paroissien – 10. tacticien.

Exercices page 145

1   1. financière – 2. grossières – 3. tertiaire – 4. judiciaire – 5. dépensière.

2   1. proprio – resto – alcoolo – parigots – hosto. 2. frérot – petiot – jeunot – boulote – pâlotte.

3   1. un éléphanteau – 2. un chiot – 3. un lionceau – 4. un renardeau.

4   1. olivâtre – 2. pédopsychiatre – 3. douçâtre – 4. gériatre – 5. verdâtre.

Chapitre 42 : Quelle(s) ou qu'elle(s), quelque ou quel que ?

Exercices page 147

1   qu'elle – Quel – qu'elle – qu'elle – quelle.

2   1. quelquefois – 2. quelque part – 3. quelques-uns – 4. quelques fois – 5. quelqu'un – 6. quelque chose.

3   1. quelque – 2. quelques – 3. quelques – 4. quelque – 5. quelques – 6. Quelqu'.

4   1. quel que – 2. Quels que – 3. quelle qu' – 4. quels qu' – 5. quelque – 6. quelles qu'.

5   1. quelque – 2. quelques – 3. quelque, quelque – 4. quelques, quelques.

Chapitre 43 : Quoique ou quoi que ?

Exercices page 149

1   1. Quoi qu' – 2. quoiqu' – 3. quoique – 4. Quoique – 5. quoi que – 6. Quoi que – 7. Quoique – 8. quoiqu'.

2   1. Quoique la langue française soit parlée dans de nombreux pays, elle a perdu de son prestige. Ou : Quoiqu'elle ait perdu de son prestige, la langue française est parlée dans beaucoup de pays.
2. Vos parents ne vous croiront jamais quoi que vous disiez.
3. Charlotte a invité sa belle-sœur à dîner quoiqu'elle ne la porte pas dans son cœur.

4. Je ne changerai pas d'avis quoi que tu dises.
5. Mes voisins partent en vacances quoiqu'ils n'aient pas un sou.

3   1. Quoi que – **2.** Quoique, Quoique.

Chapitre 44 : Les homophones

Exercices page 151

1   1. air – **2.** ère – **3.** erre – **4.** aire – **5.** air – **6.** air.

2   1. hospices – **2.** Aussitôt – **3.** autel – **4.** aller -**5.** arrhes.

3   1. Un but – **2.** Une cape – **3.** Un balai – **4.** Une allée.

4   1. bien tôt – **2.** davantage – **3.** affaire – **4.** bientôt – **5.** d'avantages – **6.** davantage – **7.** à faire – **8.** bien tôt – **9.** affaire – **10.** davantage.

Exercices page 153

1   1. en train – **2.** entrain – **3.** en train – **4.** entrain.

2   1. censé – **2.** sensée – **3.** censée – **4.** censée.

3   1. <u>Cinq</u> cents capucins, <u>sains</u> de corps et d'esprit et <u>ceints</u> de leur cordon, portaient sur leur <u>sein</u> le <u>seing</u> du <u>Saint</u>-Père.

4   1. ceps – **2.** fard – **3.** cèpes – **4.** chant – **5.** cœur – **6.** champs – **7.** chœur – **8.** cher – **9.** chair – **10.** chère – **11.** chaire – **12.** serres – **13.** cerf – **14.** serf – **15.** sert.

5   1. différend, différent – **2.** far, fard – **3.** filtre, philtre – **4.** cession, session.

Exercices page 155

1   1. a. Flamands, b. flamant – **2.** a. golfe, b. golf – **3.** a. gré, b. grès – **4.** a. jeûne, b. jeune – **5.** a. grasse, b. Grâce – **6.** a. Plutôt, b. plus tôt.

2   1. Fonds – **2.** mal – **3.** mâle – **4.** parti – **5.** poids – **6.** partie.

3   1. Une malle – **2.** Une pensée – **3.** Un pêcher.

Exercices page 157

1   1. tache → a, tâche → b – **2.** voix → b, voie → a – **3.** satire → b, satyre → a – **4.** vis → a, vice → b.

2   2. porc – **3.** vin – **4.** résonne – **5.** port – **6.** renne – **7.** pore – **8.** reine – **9.** homophones – **10.** puits – **11.** vain – **12.** raisonne – **13.** vingt.

3   1. soi – **2.** sceptique – **3.** saut – **4.** soit.

Chapitre 45 : Les mots ou expressions souvent mal orthographiés

Exercices page 159

1   1. misogyne – **2.** Méditerranée – **3.** magazines – **4.** absence – **5.** quatuor.

2   1. spatiale – **2.** parallèles – **3.** succinct – **4.** concurrence – **5.** exorbitant – **6.** gaufre.

3 1. insu – **2.** temps – **3.** cor – **4.** gré – **5.** l'y- – **6.** suspens.

4 1. fantômes – **2.** bizarre – **3.** bagages, appartement – **4.** professionnelle, ressources – **5.** mariage, trafic – **6.** hasard, langage. **7.** abréviation, M. – **8.** confort, connexion.

Chapitre 46 : La réforme de l'orthographe de 1990

Exercices page 161

1 1. N – **2.** A-N – **3.** N – **4.** N – **5.** A.

2 1. six-cent-quatre-vingt-onze – **2.** deux-mille-quatre-vingt-dix – **3.** trente-trois-mille-cinq-cent-soixante-sept. – **4.** sept-millions-deux-cent-soixante-dix-huit-mille-six-cent-quarante-et-un – **5.** neuf-millions-neuf-cent-quatre-vingt-dix-neuf-mille-neuf-cent-quatre-vingt-dix-neuf.

3 1. lave-vaisselles – **2.** sans-abris, sans-cœurs – **3.** ramasse-miette – **4.** rince-doigt – **5.** après-midis – **6.** sèche-cheveu – **7.** avant-premières – **8.** appuie-têtes – **9.** à-coups – **10.** coupe-ongle.

4 **Dictée. Les difficultés de Monsieur Couraud.**
Monsieur Couraud a rendez-vous avec les services fiscaux. Il est agriculteur et la sècheresse de l'année dernière ainsi que plusieurs évènements dans sa vie personnelle l'ont conduit à une situation financière délicate. Il ne pourra pas obtenir d'allègement d'impôts car ce n'est pas règlementaire. Mais si on lui accorde un étalement, il s'inquiètera beaucoup moins et sa femme, qui est commerçante, ne sera pas obligée de fermer sa crèmerie.

Exercices page 163

1 1. connaitre – **2.** la brulure – **3.** le théâtre – **4.** aout – **5.** l'enchainement – **6.** le pôle – **7.** l'ainé – **8.** le maitre.

2 1. Le matin, Martine aime manger des oranges bien fraiches et bien mûres.
2. L'infirmier est sûr que la piqure vous fera du bien.
3. Nous avons mangé des huitres dans un restaurant sur une petite ile italienne.
4. Nous dûmes aller chercher des buches pour allumer un feu de cheminée.
5. Les jeunes ont souvent du mal à respecter le jeûne.
6. Les dirigeants ont cru que la production avait crû de vingt pour cent.

3 1. Arnaud **a** un job d'été dans un supermarché ou il **étiquète** les articles. – **2.** Pierre **feuillète** des magazines et les **jette** aussitôt. – **3.** L'homme **chancèle** au moment ou la police l'**interpelle**.

4 1. séniors – **2.** révolver – **3.** diésel – **4.** tennismans – **5.** référendums.

5 1. des croquemonsieurs – **2.** un tirebouchon – **3.** des hautparleurs – **4.** des portemonnaies.

Exercices page 165

1 1. ambigüité – **2.** contigües, exigües – **3.** ambigu. **4.** cigüe.

2 1. rongeüres – **2.** gageüre – **3.** argüe.

3 1. culottée – **2.** charriot – **3.** quincailler – **4.** combattif – **5.** la dentelière – **6.** serpillère – **7.** girolles – **8.** grelotons – **9.** frisotent – **10.** follement.

4 1. A : nénuphar – N : nénufar (né + nu + phare).
2. A : féerie – N : féérie (fée + é + riz).

Bilan n° 3

Exercices page 166

1 Mille cinq cent trente-neuf (nouvelle orthographe : Mille-cinq-cent-trente-neuf) – cent quatre-vingt-douze (nouvelle orthographe : cent-quatre-vingt-douze).

2 À la <u>mi-juin</u>, Marc et Jeanne sont allés passer le <u>week-end</u> (nouvelle orthographe : weekend) dans la vieille ferme qu'ils veulent rénover <u>eux-mêmes</u>. Elle se trouve près de <u>Clermont-Ferrand</u>. <u>Jusque-là</u>, ils étaient très enthousiastes mais en arrivant sur place, ils ont déchanté. Ils pensaient être seuls au milieu de la nature mais il y avait une usine en <u>vis-à-vis</u>. <u>Quelques-uns</u> de leurs amis les avaient prévenus de ne pas acheter en n'ayant vu que des photos… Ils étaient tous <u>quasi-certains</u> qu'il y aurait de mauvaises surprises. Et <u>y en a-t-il</u> eu ? Oui, beaucoup … La maison était délabrée, la grande <u>porte-fenêtre</u> du <u>rez-de-chaussée</u> était à terre. Le sol était jonché de vieux objets de toutes sortes : un vieux <u>vélomoteur</u>, un sac éventré de <u>pommes de terre</u>, etc. Marc s'est senti déprimé. Était-ce vraiment une bonne idée, <u>s'est-il interrogé</u> ? Marc est alors allé à sa voiture d'où il a rapporté du pain, un bon <u>saint-nectaire</u>, une bouteille de vin et un <u>tire-bouchon</u> (nouvelle orthographe : tirebouchon)…
<u>Donne-m'en un</u> peu lui a dit Jeanne, cela va nous réconforter…

3 Mots avec des majuscules : Maxime – Midi de la France – Bretagne – Saint-Brieuc – Anglaise.

4 1. Le succès – **2.** L'amitié – **3.** Le médecin – **4.** Ambigu – **5.** Aiguë (ou : Aigüe) – **6.** Sévèrement – **7.** L'épithète – **8.** La légèreté – **9.** Les sommes dues – **10.** Le coût – **11.** La vôtre – **12.** Le lycée – **13.** Çà et là – **14.** La bohême – **15.** Il espère – **16.** Une tache de vin – **17.** Le procès – **18.** Du maïs – **19.** Du vin en fût – **20.** Cette plante croît. – **21.** L'extrémité – **22.** Une pomme mûre – **23.** Un prétexte – **24.** Déjà – **25.** Un câble.

Exercices page 167

5 1. vécu – **2.** ça – **3.** glacial – **4.** gerçures – **5.** déçu – **6.** façade – **7.** cela.

6 1. 30 min – **2.** 10° – **3.** MM. – **4.** 3e – **5.** etc.

7 1. Vas-y – **2.** T'es sérieux ? – **3.** Énervé. – **4.** À un de ces quatre. – **5.** Désolé. – **6.** T'es sympa. – **7.** Tout le monde – **8.** Beaucoup – **9.** À la prochaine. – **10.** Occupé.

8 1. dissuader – **2.** dissocier – **3.** dissemblance – **4.** dysharmonie/disharmonie – **5.** hypocalorique.

9 1. colocataire – **2.** inutile – **3.** immoral – **4.** irrégulier – **5.** désolidarisé.

Exercices page 168

10 1. confidentiel – **2.** audacieux – **3.** glacial – **4.** superficiel – **5.** artificiel – **6.** capricieux – **7.** initial – **8.** infectieux – **9.** provincial – **10.** spacieux ; spatial.

11 1. allocations – **2.** Expulsion – **3.** égyptien – **4.** Allocution – **5.** Intervention.

12 apéro – colineau (ou : colinot) – dindonneau – pâtissière – cuistot – judiciaire.

13 1. qu'elle – **2.** quelque – **3.** quelque – **4.** quelques – **5.** Quel que – **6.** quelque.

14 1. Chloé a promis de nous appeler quoi qu'il arrive.
2. Fabien a mangé du poulet quoiqu'il soit végétarien.
3. Valentine organise un pique-nique quoique les prévisions météo soient mauvaises.
4. Ces bottes sont très confortables quoiqu'en synthétique.
5. Gaëtan ne m'a jamais offert quoi que ce soit.

Exercices page 169

15 1. autel – **2.** arrhes, are – **3.** butte – **4.** ballet – **5.** cape – **6.** ère, aire, erre – **7.** aussitôt – **8.** allée – **9.** ballade – **10.** d'avantage.

16 1. Un phare – **2.** Un cerf – **3.** Un filtre – **4.** Un saint.

17 1. grasse – **2.** pensée – **3.** partie – **4.** poignée – **5.** gré.

18 1. *poing* – **2.** *Reine* – **3.** *soi* – **4.** *riz* – **5.** *Port*.

Exercices page 170

19 1. Un magazine – **2.** Un quatuor – **3.** Un carrousel – **4.** Une gaufre.

20 1. L'année deux-mille-dix-sept – **2.** Mille-deux-cent-cinquante-cinq kilomètres – **3.** Huit-cent-quatre-vint-un euros.

21 1. les coupe-ongles – **2.** des après-midis – **3.** des chauffe-eaux.

22 1. La crèmerie – **2.** Un évènement – **3.** Dussè-je.

23 1. Ce portemonnaie a couté très cher – **2.** Le maitre a jeté ses affaires pêlemêle sur le bureau. – **3.** Ces hommes sont de vrais boutentrains mais ils restent des gentlemans. – **4.** La jeune fille s'est laissé traiter de boulote par une bande de marioles. – **5.** L'avocat feuillète le jugement pour s'assurer qu'il a été rédigé sans ambigüité.

N° d'éditeur : 10306013 – Dépôt légal : novembre 2019 – N° d'imp. : K24/76265N

Imprimé en France en novembre 2024
par l'Imprimerie Maury S.A.S. à Millau (12)